國立彰化師範大學國學大師叢書

陳偉民・李威熊總策劃

吳有能・鄭靖時・耿志堅主編

出經入史緒縱橫

——王靜芝教授

吳彩娥著

文史哲出版社印行

國家圖書館出版品預行編目資料

出經入史緒縱橫：王靜芝教授 / 吳彩娥著. --
初版. -- 臺北市：文史哲, 民 88
面：　公分. --（國學大師叢書；2）
ISBN 957-549-205-6(平裝)

1.王靜芝 - 傳記 - 2.王靜芝 - 學術思想

782.886　　88006751

國學大師叢書

陳倬民・李威熊總策劃

吳有能・鄭靖時・耿志堅主編

出經入史緒縱橫：王靜芝教授

著　者：吳彩娥
出版者：文史哲出版社
登記證字號：行政院新聞局版臺業字五三三七號
發行人：彭正雄
發行所：文史哲出版社
印刷者：文史哲出版社
臺北市羅斯福路一段七十二巷四號
郵政劃撥帳號：一六一八〇一七五
電話 886-2-23511028・傳真 886-2-23965656

實價新臺幣一四〇元

中華民國八十八年四月初版

ISBN 957-549-205-6

完成了一張畫看看如何？

臺中明道中學蘭亭雅集落成典禮剪綵後合影

女學生和老師拍個照

陳序

提到國學，人們很容易會想到遙遠的過去，彷彿研究國學就必然是探討那遙不可及的過去似的。可是如果我們研究古人的目的，是希望跟前輩請益學習的話，那麼我們研究國學，又怎麼可以重古而輕今，獨獨忽略了與自己時空最接近的當代國學大師呢？其實，當代國學大師因為跟我們時代接近，他們的研究心得或更容易顯出跟我們的相關性，為此，本校國文系同仁在李教務長威熊、鄭前主任靖時和耿主任志堅領導下，向國學界成績斐然的當代大師五人，一一訪談請教，並加以介紹，完成了國學大師請益計畫。

在這個計劃中，請益的對象包括現代文學作家蘇雪林、文學批評權威王夢鷗、紅學大師潘重規、史學大師陳槃及哲學大師勞思光等五位前輩學人。他們的學問均能獨當一面，而且望重士林，各自在自己的研究領域都有傑出成就。而在這次計畫中，實際負責撰寫工作的同仁有黃忠慎、吳彩娥、游志誠、林明德和吳有能等幾位教授，他們都是學養甚豐，不可多得的人才，通過他們的努力，大師的治學經驗、工作貢獻等等重要項目一一彰顯，讓大家可以見賢思齊，可謂嘉惠學壇，貢獻不少。而李威熊、鄭靖時及耿志堅教授的策劃、統籌，周詳有序，使這次計畫能夠順利完成。現在這套國學大師叢書出版在即，我誠懇的獻上我的祝福與謝意，並希望讀者和我一樣從這套叢書中獲益良多。

國立彰化師範大學校長 **陳倬民** 謹識八十七年十一月

耿序

學問貴乎薪火相傳，這樣才能可久可大。有鑒於此，李教務長威熊教授特別推動執行國學大師請益計畫。希望透過這個計畫，讓大師們能以簡明扼要的方式勾勒出他們的學術成就，同時也向後學略示治學蹊徑，好使大師們豐富的學養，能夠傳承下去，發揚光大。因爲有這個薪火相傳的理想在，我想以「大師薪火─國學大師之訪談及推介」作這個集子的總名，應是最好不過的。

這一個計畫中，我們請了國文系幾位同事，各就自己的專長，依照我們選定的幾位大師，進行這個請益計畫。計畫剛開始的時候，鄭前主任靖時教授統籌執行，奠下堅實的工作基礎，後來因爲鄭教授休假，我們就請吳有能副教授負責實際的編輯工作。現在各人的稿子已經寫就，我依照作者姓名的筆畫多寡，排出這五本書的先後順序，同時，也分別給它們取了書名：

吳有能著：《百家出入心無礙─勞思光教授》

吳彩娥著：《出經入史緒縱橫—王靜芝教授》
林明德著：《文論說部居泰山—王夢鷗教授》
游志誠著：《敦煌石窟寫經生—潘重規教授》
黃忠慎著：《古今文海騎鯨客—蘇雪林教授》

此外，爲了體例的一致，我也稍稍做了一點統稿的工作；但是，由於大師們的專業領域差距很大，各稿內容自亦難以維持形式的一致，而且各位作者的文稿往往又自成理趣，所以我所做的統稿的工作也就只能限於大標題的統一而已。這樣既能使各書約略地構成一個叢書系列，同時又可讓它們的特色分別得以保存。其實，這套叢書的書稿水準都極高，好比芙蓉素面，不待脂粉而脫俗，當然我的統稿工作本屬敷脂施粉，自非淡素娥眉所需了。

國立彰化師範大學國文系主任　**耿志堅**　謹識八十七年十月十八日

出經入子緒縱橫——王靜芝教授

目錄

出經入子緒縱橫——王靜芝教授

吳彩娥

壹、大師小傳

王靜芝先生，本名大安，以字行，號菊農，筆名王方曙，合江佳木斯人，民國五年出生於瀋陽。其父親爲功勳赫赫的王錫鈞將軍，七七抗日戰爭時，曾擔任過安徽省保安處處長，兼警備司令；民國三十八年，隨政府播遷來臺後，出任過陸軍總部副總司令，國防部高參室副主任等要職。王靜芝先生出生於如此武赫的軍人家庭，因而對自己的書生身分是很無奈的，曾寫了一首詩〈羈旅蕭條關河壯濶覓書生百無一用是耳〉：

自去家山隨所安，蕭寥獨寄一枝殘，贏來新病橫眉在，爭被閑人冷眼看。千里關河鄉路闊，五更風雨角聲寒，摩挲萬卷何足語，容易書生出肺肝。（《過江集》）

他在「羸來新病橫眉在，爭被閑人冷眼看。」裡表現了書生的傲骨與羸弱的衝突，在「摩挲萬卷何足語，容易書生出肺肝」中也顯現了文人的自負與無力的掙扎。

然而王靜芝先生一生閱歷畢竟是豐富的，他畢業於北平輔仁大學國文系，曾任中央電影公司編審委員、製片部經理；歷任國立藝專、東海大學、輔仁大學、師範大學等各大學院校教職，此外，亦擔任過國大代表、輔大中研所講座教授、國家劇院評議委員。王先生與輔仁大學的關係最爲深刻。輔大在臺復校後，王先生繼戴君仁先生主持國文系系務，兼任國文研究所所長，長達二十三之久，所以，輔大中文系、所的規劃發展，大抵上是仰賴王先生的主導的。一直到民國七十六年先生從輔大退休，仍擔任研究所的講座教授，繼續啟蒙後輩學生。

王先生的治學範圍廣博，於義理思想、史學、文學各方面均有造詣，並不局限於一隅。經學方面的著作有：《經學通論》、《詩經通釋》。子學方面的著作有《韓非子思想體系》，文學及文化學方面有《歐陽修傳記》、《國學導讀》，而史學方面的著作有：《中華民國建國史話》。王先生治學授業的重點，在於他認爲古籍博奧精深，耐人尋味，但往往與現代人造成隔閡，而將其束之高閣，因此，要重振中華文化，一定要讓現代人懂得其中的精義才行。所以他在《詩經通釋》的自序中就說：

時至今日，學科滋繁，讀者兼顧乏力，甚望求之簡明，得其肯要。……爰雜采古今諸家之說，間以愚者一得，字注句解，貫串全章，單義簡釋，力求明快，……並在詩篇注釋之前，先爲緒論，將讀詩應有之常識，作爲略說，意在使讀者有此一書，對詩經本文，有一平易單純之了解；對有關的詩經之問題，有一簡明之認識。

在歷代繁雜的《詩經》注疏中，王先生希望能做到「單義簡釋，力求明快」，「使讀者，有此一書，對《詩經》本文，有一平易單純之了解」，可見在動筆著書時，他心中所關懷的對象，除了學術界的博學鴻儒，更兼顧了一般的讀者，使他們有勇氣進入《詩經》的世界，一窺堂奧。

著書治學講求平易，以拓廣國學的擁護者外，更進一步的，王先生認爲必須注重書中道理的實用價值，國學不應是冰冷的屍體，而有亙古不滅的生命力。所以，他在《國學導讀》的序言中說：

國學雖若千爲逾時之學，而泰半千古不磨，有其深純之至理，精奧之眞義，自格物致知，至治國平天下，兼容並蓄，經世致用。

王先生講子學特別重視思想系統的分析，然後再作全面的解釋。所以，《韓非思想體系》的自序說：

> 將先秦諸子之書，分別作有系統的分析，先辨其體系、審其條貫，從而分條析理，作全面的解釋。

使我們對缺乏系統，字句古樸，又有錯簡、落簡的先秦古書，不再感到困難。

王先生在書畫方面的造詣，更是令人稱道。這其實是肇始於其父親王錫鈞將軍的影響。王錫鈞先生向來對書畫非常感興趣，搜集了王右軍、顏魯公、米芾、王守仁的名家墨跡，王靜芝先生從小耳濡目染，亦鍾情於筆墨間的揮灑，至中學時已有小成，上了大學，書法更是突出，因教授的推薦，便與啓元白先生學書法，兼而學習國畫。啓元白對王靜芝先生的影響深遠，王先生有詩云：

> 元師草堂在苑北，常將性情託紙墨，每偕荊關遊山水，更與李杜論平仄，乃有一夕雨意寒，留我看寫奇突山，卷長廿尺如千里，滄江直下天地間，一峯忽起萬峰仰，五丁

飛過突開朗……今舒此卷溢清暉，尤念當時翰墨飛，路長旅舍孤燈暗，何年重償筆淋漓。（《過江集．川陝驛舍展視溪山無盡圖卷憶啓元師》）

這樣如師亦友的師生情誼，談詩論畫，共赴山水之約，實在令人羨慕。大學畢業後，因對日抗戰，避難至重慶，因緣際會，有機會與當時書法界「天下第一」的沈尹默學書法，經過兩位名師的指點，王先生的書法自然日進千里。而其書法深得晉唐筆意，楷書有歐陽詢、褚遂良的氣格；行、草則爲二王筆法，並融入了米書的灑脫。民國五十一年，王先生在東海大學首開「書法」課程，五十二年轉入輔仁大學，講授文學、書法等課程，爲其畫法藝術，進入另一里程。而其山水畫，有濃厚的文人畫氣息，這可能是因爲王先生本人文人的氣質使然，所以他作畫時，或先有詩，然後成畫，或偶然得畫，亦必成詩。而他一生在書畫中所追求的，是「高雅的韻味之美、境界之美。」美，而要有韻味、有境界，又要雅。這是很難的，但王靜芝先生的才華與執著努力，終於造就了深遠的境界與雅韻。

王先生學戲的過程也頗傳奇。民國二十一年，梅蘭芳希望將國劇拓展至知識界，創辦了「國劇傳習所」，招生的對象是中學以上的學生，分「生、旦、淨、音樂」四組，王先生應試旦角組，雖然報考人數衆多，只錄取七名，但還是硬給他考取了，因此便有機會聆聽梅蘭芳授課，但梅蘭芳只是講而不演，因而很可惜的，王先生並不算眞正從梅蘭芳學過戲。除了唱戲外，王先生還寫過劇本。他改編的劇本有《韓五娘》，由大鵬劇隊嚴蘭靜演出；創作國劇劇本《金陵關》，由郭小莊演出；《烽火鴛鴦》由哈元章、廖苑芬演出；每一劇均佳評如潮。至於話劇、廣播劇、電視劇、電影劇本等亦成績斐然，當於下文「請益專訪」中詳述。且也有不少散文、小說的創作，令人不得不為其興趣之廣、才情之高而讚嘆！

王先生豐富而多元的人生經驗，除了向我們展示他的天縱英才之外，我們相信：若不是他如開礦般積極地開發自己的潛能，多角度的涉獵，而不自我設限，是不會有如此豐富的成果，而且，在他的作品中，深入淺出的筆法向我們揭示國學的奧密，源源不絕的創意不斷湧現，不因年齡的增長而僵化，反而以更睿智、更自然的方式表現。面對這樣的一代大師，不得不令我們肅然起敬。

貳、請益專訪

王先生的國學涵養與人生智慧，在在都值得我們景仰與學習，因此，透過請益專訪，將先生的寶貴經驗，豎爲讀書研究的楷模，面臨人世倥傯時的心靈指導。以下，我們將專訪的珍貴資料，整理爲一、治學歷程二、治學方法三、論學成就四、對國學界的展望五、對學習中國文化者的啓迪等方面來呈現，看看前輩一步一腳印的辛勤耕耘，在自己舉步維艱時，也能見賢思齊，立穩腳跟，堅毅執著。

一、治學歷程

王先生就讀的輔仁大學，當時是個很特殊的學校，其所在的北平被日軍佔領，輔大卻因爲屬天主教所創辦的教會學校，日軍不敢侵犯，而成爲北平的抗日據點，許多名流大師，在此風雲際會，各家好手人人身懷絕技。我們將王先生上過課的老師和其專長臚列如下，看看是在什麼樣的老師帶領下，培育了一位國學大師：

△沈兼士—當時輔大文學院院長。精通國學，亦擅小學，開說文、廣韻的課程。

△吳千里—國民黨部書記長。英文能力冠絕一時。

△余嘉錫—為經學大家；在四庫學、目錄學、校勘學、世說新語、駢體文方面亦擅長。

△孫仁和—精通詞、賦、六朝詩、文心雕龍（文心雕龍范文瀾注本中的「孫曰」，即指孫仁和）、左傳、莊子，為輔大最叫座的老師之一

△劉盼遂—為研究後漢書、禮學的學者。

△孫楷第—開授小說史。

△趙萬里—為王國維的外孫，教授宋元戲曲史。

△高步瀛—精通唐宋文，亦擅長駢體文。

△顧　隨—為詩、曲的行家高手。

以上所列，個個都是一代大師，以余嘉錫先生為例，他道貌岸然，嚴肅正經，不苟言笑，但學富五車、博學強記，更驚人的是過目不忘，是一位天份既高，又勤學不倦的學者。有學生曾好奇地問他：「老師，您讀過幾本書？」余嘉錫微笑著說道：「書目答問中的書約有二千七百本，我讀過的書有五千多本。」余嘉錫讀過的書差不多是書目答問的兩倍了，如此龐大

的閱讀數量，難怪余先生會自負地笑容滿面。又有一次，輔仁大學校長陳援菴先生（爲史學大師，與陳寅恪先生合稱史學二陳）壽誕時，高步瀛先生用駢文作序，引用《孔子家語》中的典故，後來忘了出典，匆忙間只好問余先生，余先生乃從從容容地指出出處，令高先生不得不大爲佩服。再舉一例，王靜芝先生有次遞名片請教余嘉錫先生一冷僻、名不見經傳的歷史事件，余先生眉頭皺也不皺地回答：「此事載於《寶眞齋漢書贊》的後半部。」王先生回去一翻，赫然在目。

王先生亦曾追隨一位老翰林郭家聲學習古文，也曾向年僅長他四歲的啓功先生拜師學書畫，在多位大師的浸淫之下，自然造就了王先生的非凡成就。

二、治學方法

(一)掌握授業老師的治學方法

看完堅強的師資陣容之後，讚嘆欣羨之餘，不禁有一個疑問：似乎這些名師的教授內容，與後來王先生擅長的《詩經》、《韓非子》並沒有特別直接的關連？之後的訪談終於解決了我們的困惑。

在請教王先生治學方法時，王先生認爲：「老師的啓導很重要，上課的感應也很重要。」

這話充滿了玄機，「感應」指的是什麼呢？王先生回答說：「要掌握老師的治學方法，而非僅內涵。」這話閃爍著智慧的光芒，因爲老師對學生的影響，往往不僅僅在教了什麼—上課的內容是很容易隨著時間的流逝而淡忘的—但如果能與老師的精神互相「感應」，去掌握其治學方法，套一句現在流行的話，與其去享受老師捕來的魚，還不如去學習老師捕魚的方法，如此，才能終生受用。

(二)以一書通百書

在了解老師的治學方法之後，要如何化成自己的方法呢？先生提供了自己的經驗，他說：經史子集隨著老師的啓導，要都有所涉獵，但人的能力有限，面對如此龐大的國學典籍，不可能部部精熟，但是只要掌握了方法，則可以一書通百書。舉例來說：讀經時，可選定一經作地毯式的探索，全方位式的徹底了解，對其時代、歷史、思想、影響、文學技巧……等均下功夫研究，之後，便可將此項成果靈活運用，怎麼說呢？如《易經》在「究天人之際，通古今之變」，掌握了這個思想重點後，就可以了解重卦的用意，也可以用來求六十四卦，而得知天地人事之間的關係，和自己安身立命的方法。

再舉《韓非子》作例子，《史記．老莊申韓列傳》說韓非「喜刑名法術之學，而其歸本於黃老」，司馬遷此說，令人不禁感到困惑，因爲老子並不言法，黃老談的是天道、人道，而韓非講刑名尙法治，兩者怎麼會湊在一起呢？其實兩家讀通了，就會了解：韓非的「法」是據「道」以成立的條文，而「道」指的就是天理、自然，既然是合乎自然，當然守成理而不傷情性，所以黃老的自然是法的根本，因此，可馬遷說韓非「其歸本於黃老」。此點，帛書《老子》外四篇出土之後，其內容與《韓非子》的說法同出一轍。因此，掌握了黃老的觀點，靈活運用之後，便可了解《韓非子》立「法」的用意。《漢書》將《管子》列於道家，《四庫全書》則將《韓非子》列於法家，透過上述王先生的說解，就可了解《漢書》與《四庫全書》其分類上有所差異的原因，同時也開創了一條「解決喻老」的道路。

從掌握授業老師的治學方法，到靈活運用之後的以一書通百書，王先生向我們展示了一位治學者如何成爲一方大家的重要歷程。

三、論學成就

王先生在學術界重要的著作有《詩經通釋》、《韓非子思想體系》、《國學導讀》和《經學通論》，這四本書的評論與介紹，下有專文評介，故此處暫略。在專訪的過程中，王先生提到了對書畫的浸淫和對電視劇本、話劇多方面的拓展，頗饒興味，轉述如下：

(一)書畫方面

王先生的書畫師承沈尹默和啓元白兩位先生，爲當代傑作，每次的書畫展，往往是門庭若市，傾動一時。擁有如此的盛名，王先生有否自滿不前嗎？事實沒有。王先生在經過嚴格的自我審核之後，自認爲在書法上的成就比國畫更高，所下的功夫也更深、更長久；即使如此，王先生還是要求突破；要求比前次更好；要求創新但不違背自然——如《荀子·修身篇》說的「是是非非謂之知，非是，是非謂之愚」——創新並非特立獨行，標新立異，顚倒是非，而是要合乎自然，不使人感到錯愕難堪。這樣的精進與慧識，對現代的新新人類，應饒富深意。

(二)電視劇本

王先生的電視劇本有《戰國風雲》和《一代暴君》，其中《戰國風雲》獲得中國文藝協會文藝創作特別獎，及第四屆中興文藝獎章，又獲中國編劇學會魁星獎。有了這些「叫好」的輝煌成績，但電視劇本最重要的是需要廣大群衆的「叫座」，《戰國風雲》是否也有如此的魅力呢？《戰國風雲》在電視劇史上創下了超高的收視率，令觀衆到了廢寢忘食的地步，連計程車司機都因急著看《戰國風雲》而不載客了！而《一代暴君》上演時，據說當時輔大校長于斌先生正請學校老師吃飯，宴席未終，于校長便趕著要回去看，深怕錯失一集；所以，王先生的劇本是「叫好又叫座」的。

㈢話劇

王先生的話劇劇本《樊籠》、《收拾舊河山》、《憤怒的火焰》分別獲第三十九、四十、四十一屆中華文藝獎，連續三年連年得獎，若非才華洋溢、創作至勤，不可能如此。而這些劇本在三十八年政府撤退來臺，人心浮動、士氣低落時，鼓舞了民心，激起了鬥志，是安撫當時受傷心靈的一帖良藥。

除了話劇外，王先生對傳統京戲也是熱中喜愛的。他還曾於民國四十五年時在國民大會中粉墨登場，現在每禮拜仍繼續吊嗓練習，有一位拉胡琴、一位拉二胡的老師陪伴練唱，每星期唱二齣、扮旦角，屬於梅派的唱法。

王先生素有「十項全能」之稱，能獲此殊榮，除了天縱英才外，旺盛的創作力與持續的努力與自我期許也是關鍵吧！

四、對國學界的展望

國學曾經熠耀輝煌，未來的路該怎麼走，才能對傳統有所繼承，對將來又有所創新？王先生以他八十多年的經驗智慧告訴我們：國學可分爲兩部分，爲思想和辭章。這樣的分法令我們感到驚訝，爲什麼會這樣呢？因王先生是反對考據的。他認爲：國學界並不是修理場，東修修、西補補，這樣對於思想的提昇與情意的培養，有什麼助益呢？國學中最有價値的是思想，其中包含的高度智慧和哲理，是國學中珍貴的寶藏。但很令人沮喪的，中國舊有的經學、史學，可說自漢代以後便沒有太大的發展，只是將秦漢之前有的學術一再咀嚼後的融合，如魏晉的玄學是道、儒、佛的綜合，即使是魏晉的經學，也無非傳統的儒家思想，再加上玄學思想的滲入；又如唐代的注經風氣盛行，但孔穎達的五經正義仍是秦朝之前的學問。而當時取才取士的科舉，考的是詩是賦，掀起了愛好文藝的風尚，但思想仍是無所發展。到了宋明理學，還是了無新意，雖然有佛學的注入融合，但那是外地傳來的，並非在中國本土生根發芽的思想。爲什麼會如此呢？王老師說：「人類的經驗、智慧，在先秦時正值高峯，而且在前無古人的無壓力狀態下，便能盡情揮灑，自然百花齊放，顯露光輝，但秦漢之後，君權日益提高，士人向權力看齊，阻礙了思想的發展。要至清末西學東漸，在新的刺激下，才有所突破。因此，國學界應有勇氣和抱負突破固有的成就，爲思想界開疆拓土，挑戰人類思想的極限。」但在創新時，王老生又再度強調，創新要合於天理、自然，不可標新立異，特立獨行。

雖然，王先生這樣的分類法和評價，未必人人認同，但他要我們突破現狀，再造新局的苦心，的確是我們應以此自許和自勉的。

五、對學習中國文化者的啓迪

王先生作學問非常看重書中道理的實用價值，從他的著作中，我們在在可看到此點執著。他認爲讀書要把所學的東西應用出來，與生活經歷、社會脈動結合，以書中的智慧，帶領我們掙脫迷惘，尋求人生正道。因此，王先生曾以「究天人之際，通古今之變」爲訓，期勉學習中國文化的學生成爲食古化今的棟樑，並對世界、對未來充滿理想與信心。

而王先生目前的人生觀又是如何呢？王先生現在進入了人生的另一境界。他深受《莊子》的影響，他在最新的著作《莊子齊物論淺釋》的序中說：

> 余少時讀莊子書，於齊物論不能解。年二十許，受教孫師蜀丞先生，耳提面命，仍苦於恍忽其言之不可窮探也。中年以後，授課上庠，教學相長，日就月將，漸能測其微意。回首曩昔，所讀者玄言奧賾，語妙義幽。

王先生是以整個人生的經驗和體悟去讀《莊子》，依此去思索大自然的道理，面對人生的生老病死、喜怒哀樂，而達到更透徹、更達觀的境界。人世變遷，禍福迭起，一般人只是在歡樂悲苦中打轉，但王先生卻能跳了出來，體會「天地與我共生、萬物與我爲一」的道理，去了解天地自然的生成幻滅，以看破人世的生死榮辱，擺脫難捨的羈絆，進入逍遙自在的境界。

王先生早年剛健積極，帶領學生突破「國學無用」的困境，肯定自己、肯定所學，晚年退休後，修身養性，提升心靈境界，在不同階段，有不同的人格展現，爲我們豎立了一位睿智圓融而溫和的儒者典範。

王先生溫文儒雅的儒者風範、揮灑自如的才子形象，智慧通達的長者典範，我們在拜訪之後，留下了不可磨滅的印象，所謂「仰之彌高、鑽之彌堅」就是這種感覺吧！王先生教學生寫字作畫時，曾用了一個比喻：「寫字作畫，就像燒開水，只要燃燒的火不熄，時間一到，自然就沸滾起來了！」拜訪王先生之後，他的人生經歷、學習歷程，有如在我們心中投下一塊熊熊炭火，但我們知道，如何將這火苗延續，如何使火苗燃旺將水滾開，便須要自己的努力了！

叄、學術成果推介

一、《詩經通釋》評介

㈠前言

《詩經通釋》可說是王先生在學術界的代表作，深受各大學院校教授《詩經》的老師的推薦，更是研讀《詩經》的學子的登門之階，即使對於一般的讀者而言，《詩經通釋》也散發了雅俗共賞的魅力，原因何在呢？王先生深知初學《詩經》者的苦處，他在《詩經通釋》的自敘中便說：

說詩之書，或過於繁富，或過於專精；或擇句尋字，別作釋言；或略抒己見，隨筆議論。其中雖各有精到之處，而初學者徒見其浩繁紛歧，無從尋繹。至於字句之間，又多一字已釋而略一句；一句已釋而略一章。初學者往往知其一字而不能解一句，知其一句而不能貫串全章。

面對歷來《詩經》的各家注疏，其繁雜的說解，各家歧異的論點，的確是初學者難以衝破的迷障，往往因此望而卻步，敬而遠之。深富教學經驗的王先生，頗能洞悉學生的心理；而對學生這種心理的掌握，也成了他撰寫《詩經通釋》的最大動機，和他編寫此書時最重要的考慮因素。因此，他在凡例中說：

> 本書在使初學者能洞識每篇、每章、每句、每字之義。
> 字句之注釋，以簡潔明朗爲主，雖雜采諸家，而祇取一義，不兼采或說。

因此，《詩經通釋》可說是王先生欲普及詩經學的力作，其目的是要「使讀者有此一書，對詩經本文，有一平易單純之了解；對有關詩經之問題，有一簡明之認識」。這樣的用心，也正是王先生爲學著書的基本立場。唯有將浩瀚的古籍平易化、單純化，才不會老遭到束之高閣的命運，才能在現代社會中重生，恢復振衰起弊、教化人倫的功能。在對王先生撰寫此書的用心有初步了解之後，我們再來談論他在《詩經通釋》中的幾個重要的基本觀點。

(二)《詩經通釋》的基本觀點

在《詩經通釋》的緒論中，王先生對歷來《詩經》的幾個重要問題，如詩經的來源、詩經的名稱、詩經的時代、詩經的內容、詩經的作者、詩六義、詩序、三家詩及毛詩、四始、孔子與詩經、詩經的正變之說、詩學之流派和詩經的價值與讀法作了一概論式的說明。當中參考了歷來的各家說法，尤以屈萬里的《詩經釋義》，影響王先生最大，因此，拿本書與《詩經釋義》比對，可看出其一脈相傳的痕跡。

而面對一些糾葛不清的問題，如「毛詩爲何人所寫」時，王先生的態度是：

> 毛詩之傳，於漢書僅知爲毛公，其後始見記載爲毛京毛萇，不知何所依據。但此亦不甚重要，吾人但知毛詩爲漢初毛姓儒生所傳古文詩，即今之詩經可矣。

因本書只是要使讀者「對有關詩經之問題，有一簡明之認識」，因此，對於詩經的種種疑案，只須作到概念式的理解即可，無須深究。但在此篇緒論中，王先生撰寫本書的幾個觀點，如對「興」的看法，對詩序的態度，是我們閱讀前須掌握的，以下，將針對這幾點逐一說明。

1. 對「興」的看法

王先生在緒論中將詩六義—風雅頌賦比興分爲二類，風、雅、頌三者，是依詩的性質而作編集的類別；而賦、比、興三者，是依詩的作法而分爲體別的。其中王先生對「興」的說法，頗能突破舊說，釐清與比之間的糾葛。在《朱傳》的說法中：

> 蔦與女蘿，施于松柏，未見君子，憂心奕奕，既見君子，庶幾說懌。

蔦與女蘿二句，朱子便認爲是賦而興又比。其後又云：「又言蔦蘿施於木上，以比兄弟親戚，纏綿依附之意。」在此處興與比糾纏不清。這樣的困境，王先生乃直接對比與興作出區別：

> 直接以事物比當前之事，不需再以鋪敘之文解釋者爲比。以事物意態之接近聯想，引起正文者，爲興。

「比」較容易理解，而「興」卻較常處於模糊的地帶。我們先談王先生對「興」的解釋，再來看他如何爲「興」與「比」作區分，鄭樵〈六經奧論〉云：

凡興者，所見在此，所得在彼，不可以事類推，不可以義理求也。

王老師認爲此說前言甚是，但「不可以事類推，不可以義理求」，則値得商榷。因爲，在他的研究中，所有的起興之語，絕對是和本題有關，而非無跡可求，更非天外飛來一筆。如〈桃夭〉云：

桃之夭夭，灼灼其華，之子于歸，宜其室家。

前兩句便是起興之語，春天盛開的桃花，其燦爛的姿容，與喜上眉梢的新嫁娘一樣的明媚動人，以此起興，既可聯想少女的青春鮮顏，也可以表現結婚當時喜氣洋洋。因此，興與本題之間，絕對是有脈絡可循的。又如〈關雎〉：

關關雎鳩，在河之洲，窈窕淑女，君子好逑。

朱子原本對興的解釋是「託物興詞」，但他在說解〈關雎〉時卻說是君子淑女之和樂，若雎鳩之和樂，但這樣的說法，與他對興的解釋「託物興詞」相較，則很明顯地主客易位，先後顚倒了。王先生認爲較完備的說法應是：

言先取雎鳩之鳴，在洲之和樂，因引起聯想，乃思及君子淑女之和樂。

以如此的思考方式來看「興」，則「興」也不會顯得太莫測高深了！

而至於比與興的區別，我們可歸納出王先生的二點結論：

(1)比是以彼事物比作此事物，爲類似聯想。而興則以彼事物，由聯想而引起此一事物，爲接近聯想，非直接作比。

(2)興是先以興起之詞，引起敘事之詞。亦可謂先以一相關引起之語，引起賦體的鋪敘，二者合併則爲興；比體則純是比，而不與賦體合併而成也。

憑藉這兩點，王先生十分肯定比與興之間，是可以畫分清楚的，而爲後人判斷何爲比、何爲興的有力依據。

2. 對詩序的態度

詩序的作者，各家說法不一，而王先生也無意再做無據的臆斷。他看待詩序的立場是：

詩序所言詩的主旨，往往爲猜度、造作，牽強附會之語，與原詩實難應合。

雖然如此，王先生還是企圖將詩序對詩意的扭曲的原因，作一合理的解釋。他從最早的作詩之人開始談起。詩人創作的動機，常常是一時的志興所之，欲一吐其所欲言，出發點較單純，而采詩者面對衆多的詩作，其心中必有一把尺作爲他取捨的標準，但他只是依此來作抉擇，尚未將已意滲入詩作中，去強作解人。但詩序之作則不然。王先生分析說：

作序之人，時代已晚，當時以詩爲日常通經載道之書。爲配合政治教育，乃不得不如此，細審其作序的原則，約有五項：

1. 合於「思無邪」。
2. 合於美刺。
3. 合於禮教。
4. 合於政治要求。
5. 合於歷史。

因此，作序之人常常犯了矯枉過正的毛病，凡言男女相悅，就有違背「思無邪」的嫌疑，動不動便抬出美刺、禮教的大帽子，以符合政治和歷史的要求。如〈關雎〉，爲男女思慕追求以至成婚之詩，卻被強解爲后妃之德。〈葛覃〉爲婦女嫁後生活，卻被曲解爲后妃之本。因此王先生說：

吾人於讀詩之際，對於詩序之說，不可全信，亦不可全不信，當深察其詩辭文字，揆其義，庶可得其旨矣。

此種客觀的態度，正是王先生在撰寫各篇篇旨時的心態。

(三)《詩經通釋》的特色

《詩經通釋》能廣受各方學者與學生的喜愛，自然有其過人與特殊之處，除了它的立足點爲初學者之外，王先生獨創的「篇旨」，使全書更清晰易讀，掌握要點，而王先生又博納衆說，於其中擇取最合適的看法，並加以說明闡發，頗能取信於讀者，以下將針對這些特色予以介紹。

1. 闡明章旨，清晰易讀

從詩序開始，說詩各家大多於詩旨上集中火力，各說各話，認爲只要詩旨一明，掌握其義，則閱讀各篇章時亦能通行無阻。但對初學者而言，感受卻未必如此，雖然書中已明示詩旨，但欲將詩旨落實於詩句時，依然有處處碰壁的困擾；即使是詩經學者專家，在明瞭詩旨，但欲藉此打通詩意的個個環節時，還是有所爭議。而王先生解詩的方法，可說是面面俱到，他除了標示詩旨，詳細地探討詩義外，又獨樹一幟地闡明各章章旨，「闡明全章之義，務求不滋疑惑，詩義了然」如〈關雎〉中，王先生明訂的詩旨是：「咏君子求淑女，終成婚姻之詩」，於是在各章章旨中，王先生配合此說予以闡發，在第一章的章旨中他說：

右一章，由關關雎鳩起興，以引起君子淑女之宜爲佳善之配偶也。言雎鳩雌雄，棲於河之洲上，關關然相鳴和。因而聯想及君子淑女，美爲良好之配偶。故曰幽閒貞靜之淑女，是君子之好匹偶也。此種作法，即「興」之作法。

於第二章章旨中說：

右二章，由參差荇菜，左右流之起興。言荇菜參差浮動，故左右追求而擇取之。因以聯想淑女之求也不易，乃引起「窈窕淑女，寤寐求之」。然後敘述求之不得，乃寤寐想念，入夜就寢，思念深長，以致翻來覆去，不能入寐。

第三章的章旨說：

右第三章，仍以參差荇菜起興，以重複手法，造成詩之風格。言既左右采而得之矣。引起君子得接近淑女，鼓琴瑟相和，以親近相善。

第四章章旨說：

右第四章，仍用參差荇菜起興，而以鐘鼓樂之敘出君子淑女之結合。君子淑女，終得結婚。

每一章章旨均與詩旨均一脈相承，而且，經過章旨中詳細的解說，也可使讀者了解王先生訂立詩旨的用心，如屈萬里先生認爲〈關雎〉是「祝賀新婚之詩」，但王先生在仔細推敲整首詩的情節，過程之後，而認爲是「咏君子求淑女，終成婚姻」，王先生說：「愚意以爲全詩過程，是由君子追求淑女；至於結婚。中間且有『求之不得』『輾轉反側』之語，蓋君子淑女相求相友，終至結婚，詩人美而咏之也。」這樣的結論顯然比屈萬里的說法，更吻合詩意。透過這樣一而再、再而三的說解，使初學者能在有效率、也最舒適的心情下，進入詩經的世界，不再對詩經有所排拒。

2. 或博納衆說，擇一闡發；或別求眞義

王先生在凡例中即明確地表明：

本書每篇詩旨之標明，不拘一家之說，惟采其是者；或別具愚見，總以實事求是爲主。舊說是者，乃取舊說；舊說不妥者，則別求眞義。不以駁倒舊說自標新奇爲目的；更不一意附和某家，以立門户。

正因爲「不以駁倒舊說自標新奇爲目的」。所以，本書的論點可說是相當平實中肯，雖無驚人之語，但確是相當公允的說法。而根據上述的引文，可知王先生在撰寫詩旨時，他的兩種態度是(1)博采舊說，擇一闡發，(2)若舊說不妥，則別求眞義，以下，將分別逐一說明。

(1)博采舊說，擇一闡發

如〈卷耳〉篇，〈詩序〉云：「卷耳，后妃之志也。又當輔佐君子，求賢審官；知臣下之勤勞；內有進賢之志，而無險詖私謁之心，朝夕思念，至於憂勤也。」但此詩實在甚爲牽強，難以令人信服，就算有《毛傳》《鄭箋》強作解語，依然難取信於人。到了歐陽修時，他終於能突破詩教的窠臼，反駁說：「婦人無外事，求賢審官，非后妃之責。」王先生在博覽〈詩序〉、《毛傳》、《鄭箋》、歐陽修的《詩本義》之後，經過理性的判斷，採取了歐陽修的觀點，而得出「此詩人詠勞人思婦之詩」的詩旨。又如〈漢廣〉中，詩序云：

> 漢廣，行德所及也。文王之道被于南國，美化行乎江漢之域，無思犯禮，求而不得也。

而《朱傳》認爲：

> 自文王之風傳來後，此地游女可望而不可及。

〈詩序〉與《朱傳》的看法，可說是如出一轍，甚至到了姚際恒仍因循舊說，屈萬里先生也只說是「愛慕游女不能得者所作」。但細味其說，總覺有不完備、不妥當之處。而方玉潤《詩經原始》中說：

所謂樵唱是也。近世楚粵滇黔間樵子入山；多唱山謳，響應林谷，蓋勞者善歌，所以忘勞耳。其詞大抵男女贈答，私心愛慕之情。

方玉潤採取民俗習性喜唱山謳的觀點，頗符合《詩經》寫作時代純樸原始的民風。王先生贊同這樣的新發現，而得出「此爲山中樵人之戀歌」的詩旨。這樣的詩旨，既掙脫了〈詩序〉，《朱傳》迂腐陳說的羈絆，也比屈萬里先生說法更爲完備了！

王先生就是用這種披沙揀金的態度，寫成這部信服力極高的《詩經通釋》。

(32)別求真義

〈匏有苦葉〉的詩旨，歷來衆說紛云。〈詩序〉認爲是：

刺衛宣公也。公與夫人，並爲淫亂。

而《朱傳》以爲只是譏刺淫亂之詩。方玉潤指爲刺世禮義澌滅也」。但此詩的內容大抵上談的是涉水、雞鳴、婚嫁、渡河這些日常瑣事，如果詩中的這些瑣事動輒就得背負「美刺」如此沈重的責任，則會將詩作解得迂腐不堪，蒙敝了其原本樸實的美感；而且，詩經乃是民間歌謠，若欲探尋其義，也當從人民的生活習性進行分析。因此，王先生說：

> 愚意以爲，此詩前後四章，但爲咏涉世、處事、守禮、重義者，若今日鄉里間述人情事理之歌謠。其前後四章，未必爲一義，然可以爲作人之箴銘者則一。想爲衛國當時流行之歌謠也。

觀之當今的民間歌謠，這樣的曲子，亦不乏其例，而此藉彼說此，引申其義的創作方式也是民間文學慣用的技巧，因此，勸導人處世態度未必每件事都背負「美刺」的大包袱。

又如之前陳述的〈關雎〉，也是王先生力闢舊說，而主張「咏君子求淑女，終成婚姻之詩」的新解。此外〈桑中〉、〈鶉之奔之〉、〈君子陽陽〉、〈遵大路〉、〈南山〉、〈甫田〉、〈汾沮洳〉……諸篇，都有王先生獨特的見解。

(四)結語

《詩經通釋》成書目的，要使初學者對《詩經》有一平易的了解，因此，王先生在自序中便說：

本書則但求簡潔，避免繁鉅，不多攬取。學者如欲作專攻，則當另檢他書。

以這樣的立場來看，本書也的確做到了使讀者樂於閱讀，進而對《詩經》有所了解的成果，這可能就是王先生撰寫本書的用意，也是本書對學術界的最大貢獻。

雖然如此，並不代表此書沒有深厚的學術修養，越是繁雜艱深的學問，卻能用最平淺易讀的方式，執簡馭繁地表達出來，若不是經過窮年累月的咀嚼沈潛，是無法昇華爲清徹簡明的概念，來闡述出來的。而這些王先生都做到了。或許，還有很多人依然受困於《詩經》衆多說法的糾結，王先生在《詩經通釋》中所展示的破繭而出後的清晰，是值得我們效法的。

二、《國學導讀》評介

(一)前　言

《國學導讀》是王靜芝先生與蔡興濟先生所合著。此書不僅爲各大專院校中文系國學導讀課程的課本，王先生更據此精簡成高中教科書《國學常識》。

王先生將國學定義爲「中國數千年來學術的全部」，則其範圍何其廣！面對此億萬簡冊，何者爲首要，何者爲次要；何者宜先讀，何者宜後讀；何者宜精讀，何者宜略讀；何者宜參考、何者供檢閱，都必須有人指引，以幫助初學者渡過迷津，這便是全先生寫就本書的最大動機。

(二)《國學導讀》評介

王先生面對浩繁的學術典籍，依照歷來的分類法，分爲經、史、子、集四部分，包括了哲學、文學、史學、經濟之學、兵、農、醫、藝術、曆算、各種技能之學。王先生將國學初步的分成四類之後，再經過剪裁與安排，執簡馭繁地來介紹國學，以下將依經、史、子、集四類，來評介本書。

1. 經部部分

本書的經學部分，可說是王先生的另一部著作《經學通論》的先驅，成爲日後寫作《經學通論》的基礎。本書的書寫方式和特色分論如下：

(1)涵蓋的範圍

《經學通論》的一大特色，便是涵蓋的範圍廣博，除了介紹十三經外，也包括了四書和小學，因《國學導讀》比起《經學通論》稍爲精簡，所以此書只介紹了十三經，和十三經的重要注疏，以助導讀。每經之後，首爲十三經註疏本，次爲五經監本，四書監本及其他注釋本。子夏親受業於孔子，故易傳特列注疏本之前。程子易傳與朱傳有關，故列於朱子本義之前。更簡要提出十三經以外的經籍及注疏。因此，本書的經部與《經學通論》比較，雖然涵蓋面不及《經學通論》，但它更著重於各家注疏本的介紹，其用意，大概在爲初學者廣開進入經學殿堂的門路。

(2)書寫體例

①基本概況

在正式介紹十三經及其注疏之前，王先生先給予初學者一些研究經學的基本常識，如「經」的意義、五經至十三經的發展、十三經的次第順序、今古文之分……等，如介紹十三經的順序也是有理論依據的，王先生說：

> 十三經的順序，易書詩三禮三傳無有不同，其餘四經，書目答問第一目錄，孝經在論孟之前，爾雅最後，又舉永懷堂古註，孝經在論孟之後，爾雅仍最後……以理揆之，

論語示人以全德，孝經只有一行，孟子繼孔子之學，爾雅只爲工具書，今依此順序。

因此，本書中的許多論點，都是先參考先賢的各種說法，再提出自己的看法和結論，以成一家之言。

②分經演述

此部分的體例，與《經學通論》同出一轍，只是更爲精要。基本上仍是循著來源、內容、注疏的脈胳來撰寫，如《易經》的綱目爲：

一、易的來源　二、易與占卜
三、卦與六爻　四、十翼
五、易的哲學　六、易經重要注疏

《書》的綱目爲：

一、書經的來源　二、今文尚書、古文尚書
三、僞古文尚書　四、泰誓
五、書序及其他　六、尚書重要注疏

可見其說明體例清晰簡潔，沒有其他的芟蔓，使初學者視爲畏途，而能直指各經書的要點，並提供重要注疏使有興趣者作更進一步的探究，簡明扼要，思考完備。

2.史部部分

四部當中，史居第二，經爲儒家道統之所繫，史則爲先民文化演進之所集也。清代章學誠說：「六經皆史也」，可見章學誠對史學的重視，連經學也納入史學的系統中。錢賓四先生也認爲諸子百家中，孔子宗周公，墨子取法夏禹，許行崇神農，中國歷代的賢能帝王，都是他們師法的對象，因此先秦諸子之學，實可謂乃無一而非源自史學，可見史學的龐大與重要。此部分的特色說明如下：

(1)涵蓋的內容：

本書史部的共分成十五類，爲《四庫全書》的分法，《四庫總目》中說：

今總括群書，分十五類，首曰正史，大綱也。次曰編年、曰記事本末，曰別史、曰雜史、曰詔令奏議、曰傳記、曰史鈔、曰載記，皆參考紀傳者也。曰時令、曰地理、曰職官、曰政書、曰目錄皆參考諸志者也。曰史評，參考論贊者也。舊有譜牒一門，然自唐以後，譜學殆絕，玉牒既不頒於外，家乘亦不上於官，徒存虛目，故從刪焉。

因此，王先生依此將史部分爲十五類，有志於史學者，就此十五類的史籍，明其異同，察其專旨，每類中擇其重輕先後而研讀之，則可知史學的大要矣。

(2)書寫體例

在介紹各家史書之前，王先生也對史部作了些基本概念的說明。如「史」之一詞，初意並非指史籍而言，而是就人而言書，稱史官所寫之書爲史書。此外，於史書的獨立成部，史學與經學的關係等問題，亦有觸及。但此部分最大的重點，應在於介紹史書十五類分法中各類的性質，以爲其分類的依據，如介紹時令之書時說：

> 時令之書爲昔人治事之所不可或缺者，蓋吾國以農立國，舉凡行政、軍事、考試、建設，皆須視農事之暇而爲之。於今時代進步，社會之組織已大異於往者，時令之書，僅用之於摭拾故事，以實詩賦而已。

介紹職官時說：

> 職官之記述，始於周官，蓋建官爲制度之始，政事之源，史籍分類或以之併於政書焉。

而在導讀各家史書時，王先生除了重視作者、體例之外，還羅列了一些重要注疏，以供參考。

3.子部部分

子部之書，內容最爲複雜，包括哲學、政治、經濟、法律、農、工、兵、藝術、技術以及各種有關思想義理，各種藝能的專門論述。子部之書既然如此紛雜，王先生要如何歸類呢？他不採取一般所習用的《漢書・藝文志》的分法，將子部分爲周秦諸子、儒家（再分議論經濟之屬、理學之屬、考據之屬三類）、法家、農家、醫家、藝術家、雜家、小說家九類。爲何在介紹周秦諸子時，沒有依一般的觀念再細分爲儒、道、墨、法各家呢？因王先生認爲：

> 諸子別爲若干家，或歸於某子或某家，爲後來歸納而分別者。其初只爲某人有某學說，傳有某書而已。及其學說大傳，自成一家，乃由後人依其學說稱爲某家。

但後人在歸納時，意見紛歧，莫衷一是，因此，王先生不以家分類，而以其書其學爲分類的依據，王先生在介紹各家時，均依循其人、其書、其學、讀法的脈絡進行分析，秩序井然，清晰易讀。

儒家中分爲三類，議論經濟之類者，宗儒家學說，發爲議論，展其學說，或道仁義，或論政治，或述詩書，或言春秋，亦有議朝政得失，評時事之是非，如賈誼新書、桓寬鹽鐵論、王通中說。而理學之屬則盛行於兩宋，所研究者，心性義理，亦即性理學。重要學者有朱熹、陸九淵、王陽明等，此風至清代仍盛行不息，只是各派間互有消長。而考據之類，自漢有之，章帝詔諸儒考訂五經同異於北宮白虎觀，奏爲白虎通德論。然由漢迄唐，此學甚微。至宋代，筆記之作風行一時，所成之書，蔚成大觀。元明兩代，此風漸息。洎乎清代，學者鑒於宋明理學流於空疏，故起而矯正，考據之學再度盛行。重要著作有宋、沈括《夢溪筆談》、洪邁《容齋隨筆》、顧炎武《日知錄》等書。

至於其他各家，則從重要著作直接切入，如法家介紹舊時法律之書，以探求此家思想概況。

4.集部部分

(1)集部的範疇

集部大體而言，便是文學之部，這麼說似乎太過籠統，經、史、子中也有不少深具文學特質的呀！如《莊子》和《韓非子》的寓言、司馬遷的《史記》文學價值亦震古鑠今；而《詩經》的文學地位更無　贅言，那倒底該如何區分呢？王老師說：

經部之書未曾不爲文章，以其爲儒家的經典，故特立經部。史部之書未曾不爲文章，而以其所載者爲史，故入史部。子部之書未曾不爲文章。而以其所言者思想義理，藝能考證，故別爲子部。而集部辭章家，亦未必不言思想義理，以其非爲有系統之論，往往獨立成篇，言以文勝，故不入子部而入集部。若古文家者，往往如此。故韓愈文集不得入子部，亭林文集，仍入集部，不同於日知錄也。

具有文采的作品很多，且用途體裁不同，若一併歸入集部，將顯得雜蕪，故仍須以其用途、體裁、和義理、文采成分的多寡，加以區別。

⑵書寫的體例

集部之書，以《楚辭》最古，別集次之，總集次之，然後詩文評。王先生在條列綱目時，便依照此時間的順序，一一介紹，《楚辭》大家較熟悉，那什麼是別集、總集、詩文評呢？王先生下的界說是：

別集者，一家所著述，不爲經史傳注考訂之學，亦不爲義理藝能論述之學，而純爲詞章之學者。

原來別集是一家所著的詞章之學，如曹子建集、李太白集、杜工部集、王右丞集、韓昌黎集、東坡集、臨川集、遺山集、亭林詩文集等均是。

總集者，輯多家之詩文辭而編纂為集者，稱為總集。

而編纂總集的用意有二，一為網羅考佚，一為刪汰繁蕪，《文選》、《玉台新詠》、《花間集》、《樂府詩集》、《全唐詩》、《古詩源》、《古文辭類纂》，都是這類的名作。

詩文評之書，於我國古籍中求之，甚少純為評論詩文之書。

如劉勰的《文心雕龍》、鍾嶸的《詩品》、司空圖的《詩品》、《唐詩紀事》、《詩人玉屑》、《苕溪漁隱叢話》、《中原音韻》、《詞話叢編》，都是這類的不朽著作。

(三)結語

國學的範圍至大無邊，深邃廣博，若無人無書指引，不知從何處下手，下手了也不知有何系統可循，以收事半功倍之效，王先生的《國學導讀》精巧清晰，綱目分明，淺白易讀，幫助初學者解除了困惑，使他們更有信心地在國學的領域中繼續沈潛。

三、《韓非子思想體系》評介

(一)前言

一提起韓非子、法家，總在人的腦子裏浮起嚴刑峻法、苛刻少恩的成見。但是，在研讀完王靜芝先生所作的《韓非子思想體系》後，讀者不只能突破以往的成見，對韓非子其人、其書、其門派有脫胎換骨的了解，也能全盤、有系統地掌握《韓非子》這本古籍經典。也難怪王先生會因《韓非子思想體系》一書，獲得中山學術獎這項殊榮。

韓非之書，歷來不受人重視，一直到明代、研究的人才漸漸多了起來，但多著重於校勘訓詁考訂，少注重於思想，因此，對韓非的思想，仍是漢以來視爲苛酷的看法。但王先生並不如此認爲，他在〈自敍〉中說：

> 韓非主張，法要自然，守成理，而上下共守；法行而成至安之世，使心無怨結，口無煩言；君無爲於上，而法無不爲；法能使上下交順、長利積，大功立，名成於前，行

垂於後，達到至治。這種上下共守，重視常理，為民謀利的法，和秦所用的重法派的法，君權至上，不考慮百姓死活的暴政的法相較起來，自然有極大的不同。

「法要自然，守成理」，「使心無怨結，口無煩言」，這樣的論點，與一般人對法家的觀念大相逕庭，為何會如此呢？因王先生能洞悉：韓非不只是法家的集大成者，更是先秦諸子學術的總結，其中道家的學說，更與法家有密不可分的關係，所以司馬遷會將老、莊、申、韓歸於同一列傳之中，了解這層淵源之後，便不難體會「法要自然，守成理」，「君無為於上，而法無不為」的意涵了！這種「解法喻老」的觀點，是本書的一大特色。

而王先生力學不倦，追根究柢的讀書精神，是本書得以寫成的最直接原因。他在自敍中說：

靜芝在研讀先秦各家之際，每感到各家之書雖各有其思想體系，而在編排上，缺乏有條理的次序，讀者頗難尋繹其系統。因此每讀一書，明其章旨文義，待全書句釋篇明之後，再據所了解的各篇之義，尋求其思想的本源，發展的狀況，和歸趨結論。如此反覆探索，才能抽其端緒，察其脈絡，知其本末，獲其事理。因此要想通曉一書，常是窮年累月，仍不得要領。

便是這種刻苦力學，追求知識的經驗與精神，使王先生在先秦諸子蜂起的喧鬧中，非但沒有因聲音的嘈雜而掩耳，反而為韓非子理出清晰的理論條貫，執簡馭繁的思想結構，讓後生晚輩能憑著此書，找到研讀《韓非子》的捷徑，而不必重蹈王先生當年披荊斬棘的辛苦。因此，手執此書，不但因尋獲《韓非子》的登門之階而沾沾自喜，也為能站在王先生這位國學巨人的肩膀上暗暗自慶，更因這一代學者孜孜不倦的為學態度而深深自勉、切切自勵。

(二)《韓非子思想體系》的特色

本書的用話明白如話，綱目清晰，絲毫不會給閱讀者帶來太大的負擔，並且能很快進入《韓非子》的思想結構中，可見王先生實在功力非凡。而本書的特色有以下四點：(一)別開生面的緒論(二)亂中有序的系統(三)解決喻老的特見。以下，將逐一說明。

1. 別開生面的緒論

一般研究先秦諸子的著作，大多是先闡明其學說，之後，才介紹與其他各家的區別或關係，但本書卻沒有依循這樣的慣例，在第一篇的緒論中，王先生便單刀直入地開始分析韓非與儒家、法家、道家、名家、墨家、縱橫家的關係，接著說明韓非與儒家、道家、墨家的相背之處，爲什麼王先生會採用如此別開生面的寫法呢？他在緒論中一針見血地說：

韓非之學歸於法家，而後世稱韓非集法家之大成。但韓非之學，無妨說是集他以前各法家之學，融會於他所吸收的前人諸家之學，以及他自己的思想，而貫通之，所造成的韓非治世之學。……所以，我們對韓非的認識，不該止於刑名，也不該止於勢術，而應深入探索韓非的法的本質和內涵；更要了解他的思想淵源，和思想的組織體系。

韓非的思想不單是集法家大成，因其時代最晚，與其他各家的思想也有所承續，藕斷絲連，糾纏難清。而這些思想經韓非的吸收與轉化之後，有了另一番面貌。如果不能了解韓非與其他各家間的淵源，則對韓非的了解，止於皮毛，無法深入，因此，王先生在緒論中便開門見山地說明韓非與各家的關係。如韓非受業於儒家的荀子，承襲了荀子性惡的觀點，但荀子強調的是用約束性的禮來改造人心，但韓非卻將禮一變爲法家的法條，以求約束力的加強，於是變儒爲法。而法、術、勢三家雖爲韓非所接受，但韓非還是看出專言勢不足以治天下；而徒術而無法，僅能「操殺生之柄」而「課群臣之能」，不能因之以治；而專爲功利而設的法，結果未必理想，商鞅的下場便是一明證。因此韓非統整三家，去蕪存菁。而韓非與道家同源而分途，又殊途而同歸，兩者均強調「自然」和「無爲而治」，因此史記老莊申韓列傳中說他「喜刑名法術之學，而其歸本於黃老」。而韓非的正名實，是審核形名，求名實相合，是名學的應用，用名學以行其法學，而墨家的奉公法、明賞罰也與法家相同。由上可知，韓非的思想，與各家的密切關係。

有了以上的認識，再重新來看《韓非子》，對於其來龍去脈，思想結構，便較能正確的掌握了。因此，王先生在比較完韓非與各家的關係後，筆鋒直轉而下，在緒論中接著探討韓非思想產生的動機、理想目標，法術勢、韓非思想中法的本質、韓非思想中的君。王先生這樣的安排是別有用心的，因他深知韓非思想的複雜性，所以用比較的方法去釐清相同與相背之處，在讀者對韓非與先秦各家的關連有初步了解後，王先生再突出《韓非子》的幾個重點，經過了這兩道步驟，讀者對《韓非子》的概念已逐漸形成，但仍嫌模糊零亂，終於，王先生在此時推出了「韓非思想圖解」，解救了讀者的茫然。此圖如下：

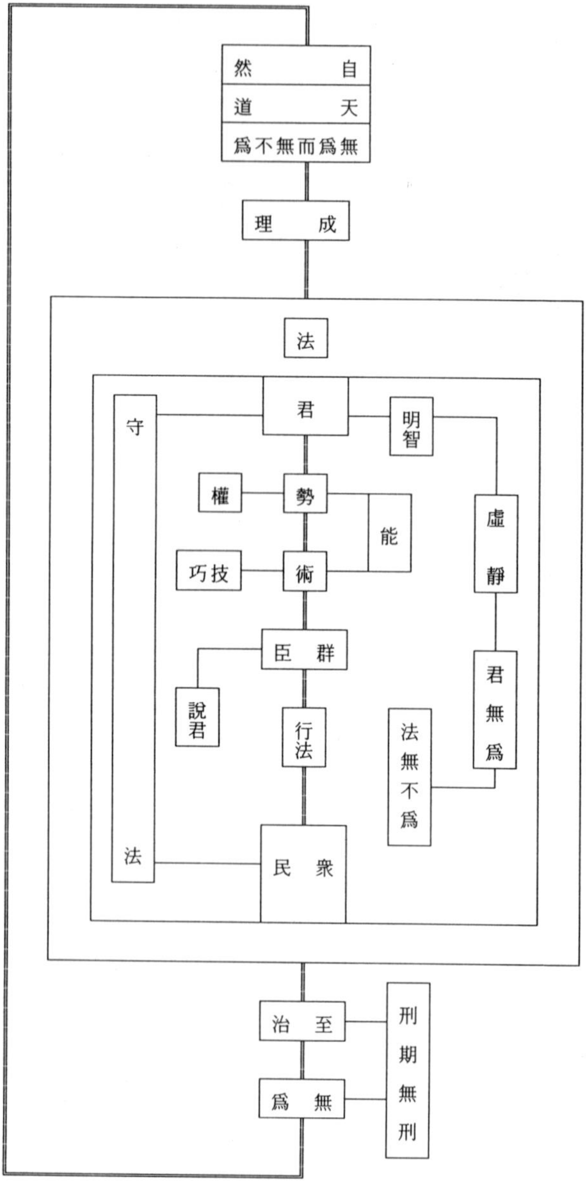

這樣的緒論，在一般的書籍中，是很少見的，他除了用比較法看出法家和其他各家的同異，接著闡明韓非思想要旨，再導出其思想圖解，既明快又有條理，是難得一見的手法。

2. 亂中有序的系統：

本書的書名《韓非思想體系》，因此本書的主要用意，便是要爲韓非看似複雜紛亂的思想，理出一個頭緒，這實在是件艱鉅的工作，但王先生還是有他的辦法。他先因韓非的時代背景、生活環境、學習所承和當時學風的影響，整理出一套完整的韓非思想體系，即如上表所示，再以此爲基礎，去整理《韓非子》這本看似雜亂無章的書，王先生說道：

> 韓非這本書，並非韓非本人整個的有條有理、提綱契領而寫的。大致一部分是自己所寫，一部分是後學所記，一部分或有羼入。先秦著書，不似後世紙張筆墨方便，只能扼要論敘。因之先秦著書，多造成各篇獨立，前後篇次並無相互關係；整體一書，並不能首尾相應，編次相尋，有條有理。韓非之書便是如此。因此，這樣一部書，只是這一思想家理論的全部資料，並不是有結構、有系統的著作，這並不是先秦思想家的理論說系統，而是當時著書的環境和著書的觀念，不似後世的方便而注重條貫。但事實上，仍有其條貫的存在。於是，這理論的條貫，便需我們後世研究這學說的人，對他的全書，加以探索而整理出來。

王先生繼爬梳先秦各家與韓非剪不斷理還亂的關係之後，又再度展現他驚人的功力，爲《韓非子》理出理論條貫，他是如何做到的呢？先生是有方法、有步驟的。

首先他先考證《韓非子》的篇數、作者，欲研究這本書，當然是必須先驗明正身的，其檢驗的結果，大致有以下幾個重點：

(1)據《漢書‧藝文誌‧諸子略‧法家類》著錄：「《韓子》五十五篇」、陳振孫《直齋書錄解題‧法家類》，有《韓子》二十卷。《解題》云：「韓諸公子韓非撰。《漢志》五十五篇，今同。所謂〈孤憤〉〈說難〉之屬皆在。」而今本的《韓非子》二十卷，五十五篇，與歷代記載相符，因此，今本的《韓非子》似乎與《漢志》所載一樣，可能是一完本。

(2)《韓非子》五十五篇中，並非完全由韓非所寫成，但證據不足，衆說紛紜，眞正顯而易見不是韓非作的，只有三篇，就是〈初見秦〉、〈存韓〉、〈有度〉，而〈存韓〉一篇的〈上秦王書〉仍是韓非所作，這一篇的其餘是後人所記。

(3)《韓非子》的作者雖無法確定，但對於一家學說成爲一個論集來說，實在不必專求其爲自寫。如《論語》是孔子學說的重要典籍，但《論語》不是孔子所作，而是其弟子和再傳弟子所寫。《禮記》是七十子後學所記，但也被承認爲經典。五經中只有《春秋經》是孔子所寫，然《易》《書》《詩》《禮》也同列爲儒家經典。可見記載一家學說之書，只要內容是這一家的學說，就可以收入。那麼《韓非》一書五十五篇，除《初見秦》是絕對誤收外，其他五十四篇，即使均爲韓非後學所作，但只要其思想與韓非是一體的，便值得研究。

因此，欲研究韓非的思想，則掌握《韓非子》是無庸置疑的。在確立《韓非子》的價値之後，王先生再羅列《韓非子》五十五篇各篇的主旨，有了這樣的了解之後，再循著韓非的思想條貫，加以歸類。

王先生先將《韓非子》五十四篇（除〈初見秦〉之外）別爲六類：立論、明說、批評、說君、釋老、遊說上書，可見韓非的學說理論，是有綱領、有條目、有系統的，而且有主幹，也有枝葉的，所以得到以下的圖解：

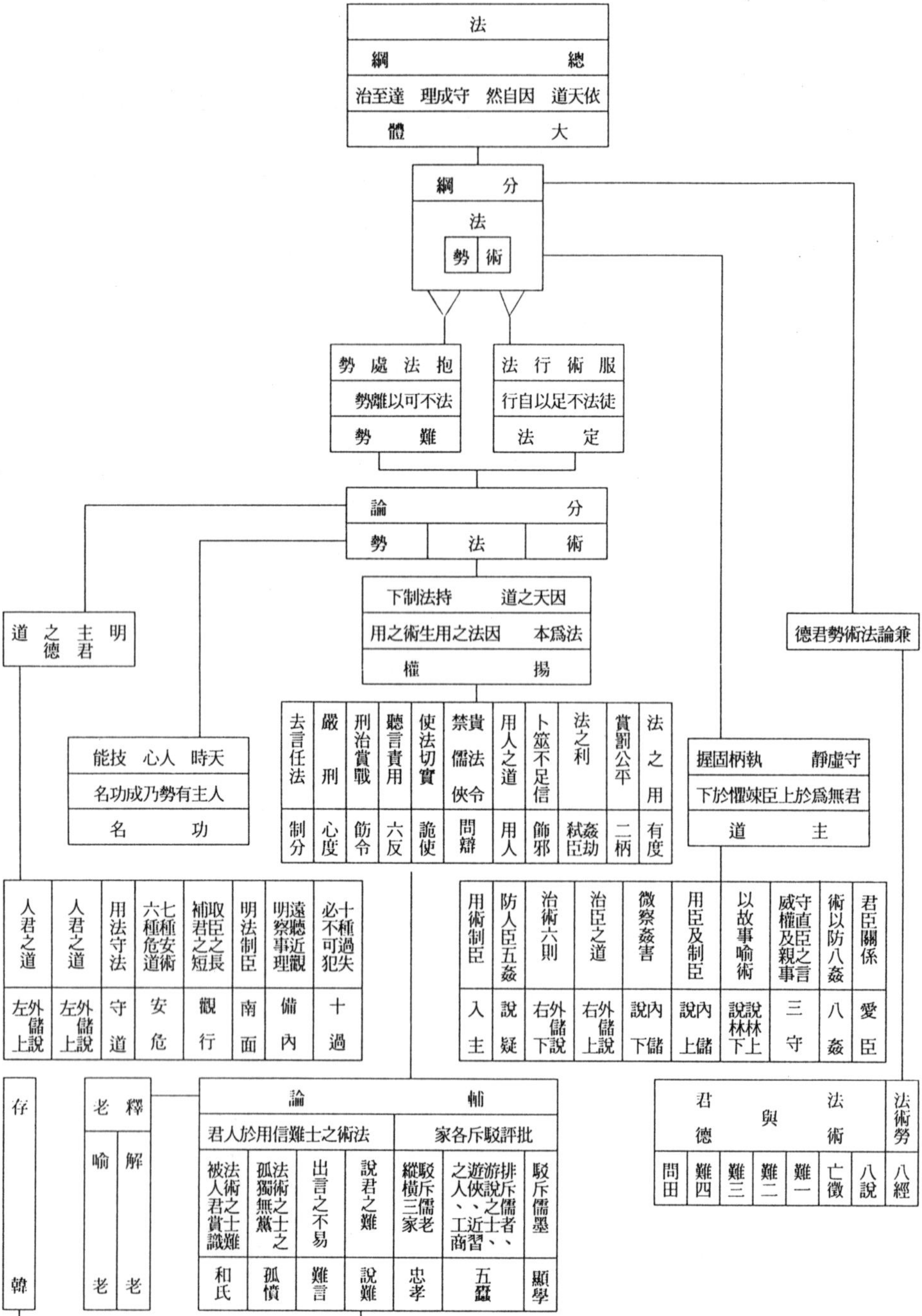
法
總綱
依天道 因自然 守成理 達至治
大體
分綱
法
勢 術
抱法處勢
法不可以離勢
難勢
服術行法
徒法不足以自行
定法
分論
勢 法 術
因天之道 持法制下
法為本 因法之用生術之用
揚權
明主之道 君德
天時 人心 技能
人主有勢乃成功名
功名
兼論法術勢君德
守虛靜 執柄固握
君無為於上臣竦懼於下
主道
任法去言 制分
嚴刑 心度
刑治賞戰 飭令
聽言責用 六反
使法切實 詭使
貴法令禁儒俠 問辯
用人之道 用人
卜筮不足信 飾邪
法之利 姦劫弒臣
賞罰公平 二柄
法之用 有度
人君之道 外儲說左上
人君之道 外儲說左上
用法守法 守道
七種安術六種危道 安危
取臣之長補君之短 觀行
明法制臣 南面
遠聽近觀明察事理 備內
十種過失必不可犯 十過
用術制臣 入主
防人臣五姦 說疑
治術六則 外儲說右下
治臣之道 外儲說右上
微察姦害 內儲說下
用臣及制臣 內儲說上
以故事喻術 說林上 說林下
守直臣之言威權及親事 三守
術以防八姦 八姦
君臣關係 愛臣
存韓
釋老
解老 喻老
輔論
法術之士難信用於人君
說君之難 說難
出言之不易 難言
法術之士孤獨無黨 孤憤
法術之士難被人君賞識 和氏
批評駁斥各家
駁斥儒老縱橫三家 忠孝
排斥儒者、游說之士、遊俠、近習、工商之人 五蠹
駁斥儒墨 顯學
君德與法術
問田 難四 難三 難二 難一 亡徵 八說
法術勢 八經

可見，先秦思想家的思想是有結構，理論是有條貫的，只是先秦諸子著書的編排，少有條理，但後人若能如王先生一般沈潛苦修，還是能於亂中得序、大海得針的。

3.解決喻老的特見

韓非與道家的淵源不可謂不深，因此《史記．老莊申韓列傳》說韓非「喜刑名法術之學，而其歸本於黃老」。而韓非書中有〈解老〉、〈喻老〉兩篇，雖然可能是後人所羼入，但也是由於韓非的學說，與道家有深深的相關之處，才會引起後人羼入的動機。王先生掌握了這個關鍵，所以當他說解韓非的思想，爲韓非理清系統時，都能有突破傳統而獨到的見解。而道家影響韓非最深的，便是「自然」、「無爲而治」兩項，說明如下：

(1)自然

道家最基本理論的道，是「自然」，老子說：

> 人法地，地法天，天法道，道法自然。

雖然韓非的法的外觀，仍脫不了苛刻，但其法的本質，卻是要依據「天道」、「循天理」、「合人情」，不因求事功而逆天理背人情。《韓非．大體》中說：

古之全大體者，望天地，觀江海，因山谷；日月所照，四時所行，雲布風動。不以智累心；不以私累己。寄治亂於法術：託是非於賞罰；屬輕重於權衡。不逆天理；不傷情性。不吹毛而求小疵；不洗垢而察難知。不引繩之外；不推繩之內。不急法之外，不復法之內。守成理，因自然，禍福生乎道法；而不出於愛惡。榮辱之責在乎己而不在乎人。

可見，韓非的「法」，是「因自然」而得，「守成理」而立，所以能「全大體」而無疏失。天地江海山谷日月，是自然形成的；四時風雲，是自然流動的。自然有其形成的形態，自然也有其動的法則，這也是韓非的「法」的形成的原因和運作的方法。所以，「法」是據「道」以成立的條文，這條文當然要完全合於天理。也就是說，「法」就是「道」就是「自然」形成，「不傷情性」的天理。所以，道是法的根本。韓非在〈大體〉中所說的：「因道全法」、「君子樂而大姦止」說明道法之間的關係非常清楚。

(2)無為而治

道家既以自然爲一切之宗，主張順乎自然，而最符合自然之道的統治方式，便是「無爲而治」。韓非受道家影響至深，他也贊同「無爲而治」。韓非認爲國君必須行「必然之道」

〈顯學〉這種必然之道，當然是我們之前所提的「道」，也就是「天道」，即「自然」，而這種「必然之道」如果能徹底美行，就可達到「無為而治」的境界。因此，《韓非・揚權》中說：

事在四方，要在中央，聖人執要，四方來效。虛以待之，彼自以之。四海既藏，道陽見陽。左右既立，開門而當。勿變勿異，與二俱行。行之不已，是謂履理。夫物者有所宜，材者有所施，各處其宜，故上下無為。

各人盡其本分，則上位者只要「虛以待之」，臣子們便能「彼自以之」，在如此自由自然的空氣裏，「無為而治」的治世便不知不覺地達成了。這一法家要希求的最終結果，和道家所懸的最高目標是一致的。

由韓非的「因自然」，到「無為而治」，都是道家賦予他的重大的影響。因王先生能洞悉這兩個重點，所以他詮釋韓非的「法」時，能突破以往嚴刑峻法、苛刻少思，慘不人道的傳統印象，而給予韓非一次翻身平反的機會，也打破我們一直固守的成見，使我們對韓非的思想，有煥然一新的看法。

而王先生「解決喻法」的觀點，我們從其他地方追蹤，也是可以找到蛛絲馬跡的，如《漢書・藝文志》中將《管子》列於道家，到了《隋書・經籍志》時，《管子》才被歸納入法家，因此，隋以前的人，認爲《管子》是有很濃厚道家色彩的，兩者有很深的淵源。而新出土的《帛書老子》外四篇當中的說法，更是可證明王先生的論點是正確的。

(四)結語

王先生的《韓非思想體系》能受到學術界的肯定，的確是其來有自的。他能在一片如迷宮的混亂中，硬是爲韓非之學，闢出一條通路，這貢獻已不待言，但更令後生晚輩敬佩的，是他在這迷途摸索的過程中所下的苦心和時間，這都是我們所望塵莫及、自慚自愧的。尤其難能可貴的，是王先生在書中爲我們所展示的方法、步驟，一步一步，循序漸進，步步紮實萬分，所以，最後整個系統的浮現，是水到渠成的。

面對這一代國學大師所展現的毅力、學力、功力、耐力，實在令人敬佩不已。

四、《經學通論》評介

(一)前言

一般人一聽到「經學」兩字，往往便搖頭皺眉，大爲排斥，認爲經學枯燥難懂，而且學之無用，也有很多學者以爲，「經學」是中國人沈重而累贅的包袱，應毅然決然地與經學作無情的告別，我們才能以輕快的腳步，趕上先進的國家。但仍然有不少學者依然熱情擁護經學，認爲我們若是捨棄經學，是自毀根本、自取滅亡。在這種衆說紛紜、各鳴其說的環境下，實在是令人困擾，到底我們現在研究經學的態度，應該如何定位，才是明智之舉？

王靜芝先生在寫《經學通論》時，自然也面臨了如此兩難的抉擇，在他掙扎的過程中，他先對經學的沈浮歷程作了一番描述，他在〈自敍〉中說：

> 經學是我國最早的古書，歷時太久，地位又太高，研究方向也就越來越多，往往走向深邃玄奧，或是流於空談不實；也有的迂遠陳舊，或仍作門戶之爭；漸與經世致用，相去稍遠。到清代末葉，歐美文化東漸，此一時代的浪潮衝激，使經學的光彩趨於黯淡。民國以來，大家對經學的尊重大不如前。甚至有持偏激之論的，指經學爲全無價值。

由此看來，經學的地位似乎是每況愈下。但這並不是經學本身的罪過，而是後人在研究時的偏失與不當，才使經學走入死胡同裏。因此，王先生很中肯地提出了他對經學的基本看法：

我們客觀地就事實討論，經學自有經學的價值。經學在古代，難免稍有推崇過高之處，也有研究流於空洞之處。而近代忽視經學，也不免對經學有認識不夠之嫌。平心而論，經學的價值，實在是不可磨滅的。

就是因爲一般大衆對經學的認識不足，對經學有所誤解，才會對經學大加討伐，所以王先生寫了《經學通論》，讓大家了解經學，知道經學不僅是古代的幾部書籍，也是永恒存在的中國文化之源，也是能適用於現代人的眞理。雖然其中有因時代變遷而不合時宜之處，但我們不應因這一小部分而蔑視經書崇高的整體價值。

(二)《經學通論》的特色

《經學通論》這本書，是國立編譯館部定大學用書，因此，它的對象是以大學生爲主，爲大學生重新建構他們對經學的認識、了解經學的源流、經學歷來的公案，和經學未來的發展和研究方向。本書的特色有以下幾點：(一)涵蓋範圍廣大(二)體例安排井然有序(三)深入淺出，博閱衆說。以下將逐一說明：

1. 涵蓋範圍廣大

《經學通論》共分爲上下兩冊，內有十四篇，第一篇爲〈緒論〉，說明「經」的一些基本觀念，第二篇至第十二篇則分別介紹十三經，（在第八節的《春秋》中，將《左傳》、《公羊》、《穀梁》一起介紹），第十二篇爲《孟子》，第十三篇爲《四書》、第十四篇爲小學。涵蓋的範圍和一般介紹經學的書籍比來，多了許多。如：皮錫瑞的《經學通論》，他容納了《易》《書》《詩》《三禮》《春秋》（內容上包涵三傳），熊十力的《論六經》以六經爲其範疇，蔣伯潛的《十三經概論》與夏傳才的《十三經概論（上下冊）》，頂多也只以十三經爲範疇，而王先生不但寫了十三經，還寫了四書中的《大學》、《中庸》、《孟子》，更特殊的是，還加入了小學，王先生的用意何在呢？以下，我們將分別探討：

(1)範圍廣博的原因：

王先生在〈自敍〉中已言明，現代人對經學的誤解與不重視，往往肇始於對經書的認識不足，既然如此，王先生寫《經學通論》最主要的用心，自然要使人們對經書有較全面的了解，因此，王先生不遺餘力地介紹了十三經、《四書》和小學，這些本來就是我們常聽到也常用到的名詞，當然必須對它們有所認識，因此，王先生突破了舊有的範疇，寫成了這本涵蓋範圍廣博的《經學通論》。

(2)收入《四書》的原因

十三經中已有《論語》、《孟子》，而《大學》、《中庸》，只是舊《禮記》中的兩篇，為何還要另立一經呢？這風氣肇始於宋朝，宋朝可說是此《四書》的風行時代，如二程對《大學》《中庸》《論語》《孟子》都有說解，而到了朱熹，更是集諸家之說折中之，而將此四書合稱為「四子書」。《論語》《大學》《中庸》，早在《漢志》中，便列於六藝，已登入「經」的殿堂，蜀刻石經中，也早有《孟子》在內了，但為何要將《四書》從十三經中抽取出來，獨立為經的另一部呢？這觀念的形成，自然是「朱子書行五百載」的力量，因朱子《四書》的盛行，很多人都受到影響，而「趙岐何晏以下，古籍存者寥寥」，其他注本的不完整，比不上朱子《四書》，自然也是極為關鍵的原因。所以《四書》成為一部十三經外的經中選輯之經，實有其必然之理，不容忽視，因此，王先生特別加入了《四書》這個篇章。

(3)收入小學的原因

文學、聲韻、訓詁，本來就是認字、讀書、明字義的基本學問，這種學問是一切學問的基本，也是一切學問的開始，因此，王先生對小學頗為重視，此外，對收入小學於《經學通論》中，王先生也有更強而有力的論點：

漢代對小學的看法，純是初入學應讀的認字之書，爾雅就不屬小學，而視為較高深之書，乃與五經雜義等同列於孝經之後，而別於小學。但爾雅所及的範圍，在後世研究起來，則仍在小學之中，爾雅後收入十三經，而小學類書籍後世也都視爲經部的書。

小學類在漢志錄於六藝略，歸於經的範圍，自無不合。

所以，王先生將小學列於《經學通論》中，是其來有自，有其論點依據的。

㈢體例安排井然有序

既然要使大家能認識經書，自然必須將經書的源流尋繹清楚，將經書的內容說明白，將經書所包括的意義分析出來，因此，本書在體例的安排上，便依著這樣的目標來編訂。基本上，其各篇都是以來源、內容、作者、該經的重要爭論、該經的價值和研究方向，以及研究該經的重要書目這樣的順序來編排各章，秩序井然，提綱挈領，使人一目了然。如其第三篇《書》的綱目爲：

第一章：書的來源
第二章：書的名稱
第三章：書的內容
第四章：書今古文問題

第五章：僞古文尚書的考訂
第六章：書的傳授及流派
第七章：尚書的價值及研究方向
第八章：研究尚書的重要書目

第五篇《周禮》的綱目爲：

第一章：周禮的來源及名稱
第二章：周禮的作者和眞僞問題
第三章：周禮的內容
第四章：周禮與後世政治制度之關係
第五章：周禮的價值及研究向
第六章：研究周禮的重要書目

由如此嚴謹的章節編排，我們可看中王先生思考力的縝密，使讀者不管是閱讀時或搜尋資料時，可收事半功倍之效。而且，從這樣的章節中，我們也可看出王先生的宏觀，他並不拘泥於經學歷來的陳腔爛調之中，他在介紹完經書的幾個重要的基本概念後，以繼往開來的精神，希望經學能在現代重生，因此特別列出該經的價值和未來的研究方向，使讀者能擺脫經學沈悶的空氣，對經學的未來發展，仍充滿憧憬。而王先生在各篇之後所提供的重要書目，也使後世學者獲益匪淺，能依著其中所示的書目閱讀研究，必可省卻許多麻煩，而得以早日窺得經學的堂奧。

㈣博覽衆說，深入淺出

王先生寫《經學通論》，參考了古今以來的諸多著作，針對其中的說法，認同的予以保留，存有疑惑的，予以辯解，而鎔鑄成一家之言。如「伏羲是否作易？」便與皮錫瑞不同，王先生分析皮錫瑞的文章題目說：

皮錫瑞易經通論，第二章題目便是：「論伏義作易，垂教在正君臣父子夫婦之義。」不論皮氏所論的內容如何，由這題目看來，皮氏對伏義畫卦之說，不僅未稍懷疑，而將畫卦與作易，竟視爲一事。似乎有了八卦便有了易。

王先生對皮錫瑞斷然認爲「伏羲作易」的看法，不表認同，他反對的理由大致上有以下幾點：

1. 八卦是否爲伏羲所畫，頗爲可疑，據帝王世紀中的記載，伏羲是蛇身人首的模樣，我們如何相信，這樣的神話人物，寫成了偉大的《易經》？

2. 伏羲過了二十三代之後才傳到黃帝，才有倉頡造字，不知伏羲用什麼文字作《易》？

3. 八卦的初成，只是八個符號，並不能稱作《易》。《易》包括了八卦、重卦，並有卦辭、爻辭，否則不能稱爲易。

因此，王先生所得出來的結論是：

> 關於畫八卦的人，我們只能推測：有這樣一位大智慧的人，可能叫做伏羲氏，或者是某甲某乙。這都不關重要，但都不應是神話式的人物，而只是高智慧的人物。至於在什麼時代，可能是有文字以前，在初民會用代號作表示和作紀錄的時代。

王先生只是肯定：可能有個叫伏羲的人，在發明文字之前，畫成了八卦的符號。但畫八卦並不等於作《易》，因此，王先生不贊成皮錫瑞「伏羲作易」的說法。

王先生在說解上，便是採用這樣的方式，博采各家之言，對於有不同意見的觀點，加以駁斥，提出自己的看法。

但經學一般給人的觀念，總是深奧難懂，令人退避三舍，《經學通論》是否也是如此呢？如果，你是以這樣的心態來讀《經學通論》，反而能得到意外的驚喜。這本書承襲了王先生一貫深入淺出、易讀易懂的風格，閱讀起來，不會有困難重重的窘境，能讓讀者充滿自信地翻閱。

(五)結語

經學自漢以後，一直被看作聖人之道的表現，一切作人作事，持家治國，莫不以經爲依據，但時至現代，卻可說是經學的黑暗期，經義不彰，人們貴人貶己地推崇外國新興的學說，而對本國文化的精華棄如敝屣。王先生的《經學通論》，以周詳有系統、深入淺出的方式，將經學娓娓道來，期望經由對經學的了解，能振衰起敝，拉近經學與讀者的距離，使經學在經歷一場被詆毀的浩劫之後，還能浴火重生，在現代社會中，再度發揮其經世致用、治國平天下的理想。

肆、王靜芝教授著作簡目

一、學術論著：

㈠著作：

1.《詩經通釋》，臺北，輔仁大學，民國五十七年七月。
2.《國學導讀》，臺北，輔仁大學文學院，民國五十九年。
3.《韓非思想體系》，臺北，輔仁大學文學院，民國五十九年。
4.〈東北民俗文學憶眞妃〉，臺北，中華學術院，民國五十九年十一月。
5.《經學通論》（上）（下），臺北，環球出版社，民國六十一年。
6.〈元代戀愛劇十種技巧研究序〉，臺北，臺灣商務印書館，民國六七年十一月。
7.《文藝的內涵》，臺北，中央文工會，民國七十年十二月。

㈡期刊：

1.〈文化復興與篤行〉，《中華文化復興月刊》，二卷十一期，民國五十八年十一月，頁五九—六〇。

2.〈詩北與釋例〉，《中山學術文化集刊》，五期，民國五十九年三月，頁五五七—五八〇。

3.〈劍南詩稿族友考〉，《中山學術文化集刊》，六期，民國五十九十一月，頁六六七—七四六。

4.〈韓非子大體解〉，《新時代》，十一卷一期，民國六十年一月，頁二五—二九。

5.〈孔子與六經中的樂〉，《孔孟學報》，二一期，民國六十年四月，頁一至十四。

6.〈韓非理論條貫〉，《人文學報》，二期，民國六十一年一月，頁五八七—六一八。

7.〈韓非難勢解〉，《中山學術文化集刊》，八期，民國六十年十一月，頁一七五—一九〇。

8.〈經書本質略窺〉，《文藝復興》，三三期，民國六十一年九月，頁十七—二一。

9.我讀〈眞理與事實〉（丁熊照著），《古今談》，九五期，民國六十二年三月，頁五。

10.〈韓非法論〉，《人文學報》，三期，民國六十二年十二月，頁六四七—六七四。

11.〈經書的現代研究價值〉，《孔孟月刊》，十二卷九期，民國六十三年五月，頁二八—三二。

12.〈詩經與中華文化〉，《中華文化復興月刊》，九卷七期，民國六十五年七月，頁五七—

六四。

13.〈韓非斥儒理論評議〉，《幼獅學誌》，十四卷二期，民國六十六年五月，頁八六—一〇三。

14.〈韓非釋老兩篇繹探〉，《人文學報》（輔仁），六期，民國六十六年六月，頁四六七—四七八。

15.〈孟子學說的現代觀〉，《光復大陸》，一二七期，民國六十六年七月，頁五—七。

16.〈韓非法學中的君德論〉，《東吳法律學報》，二卷一期，民國六十六年十一月，頁一—十三。

17.〈詩經的來源與價值〉，《光復大陸》，一四九期，民國六十八年五月，頁二—四。

18.〈國風的樂歌性〉，《輔仁學誌》—文學院之部，八期，民國六十八年六月，頁二九三—三〇七。

19.〈詩經的價值〉，《孔孟月刊》，十七卷十二期，民國六十八年八月，頁二〇—二四。

20.〈韓非思想述評〉，《孔孟月刊》，十八卷十一期，民國六十九年七月，頁五四—六〇。

21.〈「茂廬筆記」及前記〉，《中國戲劇集刊》，二期，民六十九年十月，頁三二—三三。

22.〈文學與語文孰重〉，《中央月刊》，十三卷七期，民國七十年五月，頁一一六—一二六。

23.〈認識尚書〉，《孔孟月刊》，十九卷十一期，民國七十年七月，頁一—四。
24.〈談歷史小說的寫作〉，《自由談》，三二卷七期，民國七十年七月，頁四一—四四。
25.〈從堯典看當時文化〉，《孔孟月刊》，二十卷十二期，民國七十一年八月，頁十四—十六。
26.〈戲劇的創作〉，《中央月刊》，十五卷四期，民七十二年二月，頁一二五—一三〇。
27.〈國風的押韻方式：國風的樂歌性之二〉，《輔仁學誌》—文學院之部，十二期，民國七十二年六月，頁二七五—二八八。
28.〈如何提高社會讀書風氣〉，《幼獅月刊》，五十九卷一期，總號三七三，民國七十三年一月，頁十二—十四。
29.〈書法藝術中的刀和筆〉，《臺灣美術》，三卷四期，總號十二，民國八十年四月，頁十八—二四。
30.〈梅蘭芳對國劇改進的貢獻〉，《藝術教育》，七十三期，民國八十二年十月，頁六—九。

二、文藝創作

㈠散文

1. 生命的花果，臺北，中華日報，民國六十七年九月。
2. 歐陽脩（傳記），臺北，河洛出版社，民國六十七年十二月。
3. 抗戰生活回憶，臺北，幼獅文化公司，民國六十八年九月。

㈡小說

1. 寒冷的春天（長篇小說），高雄，新聞報社，民國五十年十月。

㈢戲劇

1. 樊籠（話劇），臺北，反攻出版社，民國四十年一月。
2. 收拾舊山河（話劇），臺北，文藝創作出版社，民國四十年一月。
3. 原來如此（電影），臺北，農教公司，民國四十一年三月。
4. 憤怒的火焰（話劇），臺北，文藝創作出版社，民國四十一年五月。
5. 鬼世界（話劇），臺北，文藝創作出版社，民國四十一年十二月。

6.心魔（話劇），臺北，中興文學出版社，民國四十二年一月。
7.風塵劫（電影），臺北，農教公司，民國四十二年六月。
8.女伶的戒指（話劇），臺北，反攻出版社，民國四十三年四月。
9.梅岡春回（電影），臺北，中央電影公司，民國四十四年二月。
10.岐路（電影），臺北，中央電影公司，民國四十四年六月。
11.錦繡前程（電影），臺北，中央電影公司，民國四十五年八月。
12.關山行（電影），臺北，中央電影公司，民國四十五年十一月。
13.夜盡天明（電影），臺北，中央電影公司，民國四十五年十二月。
14.長風萬里（電影），臺北，中央電影公司，民國四十六年十二月。
15.萬世師表（話劇），臺北，改造出版社，民國四十八年八月。
16.新趙五娘（國劇），臺北，空軍大鵬劇隊，民國五十七年八月。
17.新韓玉娘（國劇），臺北，空軍大鵬劇隊，民國五十七年九月。
18.新八義圖（國劇），臺北，空軍大鵬劇隊，民國五十八年七月。
19.郭子儀（歌劇），臺北，空軍大鵬劇隊，民國五十八年十月。
20.金陂關（國劇），臺北，空軍大鵬劇隊，民國五十七年十月。

21.祖逖（歌劇），臺北，空軍藍天劇隊，民國五十九年十月。
22.新三娘教子（國劇），臺北，空軍大鵬劇隊，民國六十年五月。
23.楚丘風雲（電視劇），臺北，中國電視公司，民國六十年八月。
24.梵王宮（國劇），臺北，空軍大鵬劇隊，民國六十一年三月。
25.烽火鴛鴦（國劇），臺北，空軍大鵬劇隊，民國六十一年十月。
26.秦漢風雲（廣播連續劇），臺北，中國廣播公司，民國六十二年二月。
27.一代暴君（電視劇），臺北，中國電視公司，民國六十三年二月。
28.一代紅顏（電視劇），臺北，中國電視公司，民國六十四年二月。
29.香妃（電視劇），臺北，中國電視公司，民國六十四年八月。
30.赤地（電視劇），臺北，中國電視公司，民國六十五年三月。
31.天怒（電視劇），臺北，中國電視公司，民國六十五年三月。
32.青天白日（電視劇），臺北，中國電視公司，民國六十五年八月。
33.一代霸王（電視劇），臺北，中國電視公司，民國六十五年八月。
34.孔夫子（電視劇），臺北，中國電視公司，民國六十七年九月。
35.革命史話（廣播劇），臺北，中國電視公司，民國六十八年七月。

36.大時代的故事（電視劇），臺北，中國電視公司，民國六十八年十月。

37.倩女幽魂（國劇），臺北，國立復興劇校，民國七十一年十月。